Nixus Plantarum

John Lindley

In the interest of creating a more extensive selection of rare historical book reprints, we have chosen to reproduce this title even though it may possibly have occasional imperfections such as missing and blurred pages, missing text, poor pictures, markings, dark backgrounds and other reproduction issues beyond our control. Because this work is culturally important, we have made it available as a part of our commitment to protecting, preserving and promoting the world's literature. Thank you for your understanding.

NIXUS PLANTARUM.

AUCTORE

JOHANNI LINDLEY,

PHIL. DOCT., PROFESSORE LONDINENSI.

LONDINI:
APUD RIDGWAY ET FILIOS.

1833.

LONDINI:
TYPIS J. MOYES, CASTLE STREET, LEICESTER SQUARE.

ORDINATIONEM plantarum naturalem dictam magna parte artificiosam esse omnibus notissimum est.

Classes equidem primarii characteribus physiologicis freti, vere naturales evadunt basesque immutabiles systematis constituunt. Ordines etiam, specierum structuræ congruentia strictissime limitati, maxima pro parte naturales sunt, nec ansam præbent censori.

Sed omnes reliquæ subdivisiones, quæ medium tenent inter classes et ordines, his superiores, illis inferiores, omnino veris affinitatibus repugnant; genera proxima sejungunt, et diversissima in eadem vicinia male collocant.

Nec sunt sententiæ Botanicorum magis inter se conformes quoad classium subdivisiones. Altera parte Jussiæi habemus methodum antiquiorem simplicissimam, Candollii mutationes, nostramque analyticam, quæ omnes ex professo artificiales sunt; ab altera Agardhii opera æstumatissima Bartlingiique, qui viam ad meliores res aperuere; necnon Reichenbachii conspectum Schultziique ordinationem, quorum iste pessime hic melius affinitates veras plantarum perspexit; ut taceam de aliis.

Re ita se habita, talique Botanices Systematicæ statu, longe majoris videtur momenti systema naturale perficere, divisiones intermedias quæ haud minus naturales erint quam primariæ et ultimæ instituendo, quam novos ordines proponere, de quorum dignitate, systemate ipso imperfecto, vix judicandum est. De die in diem numerus ordinum adeo augetur, ut novum chaos oriturum vix dubito, si longius aciem disponere cunctemur.

Non ille sum profecto qui tale officium libenter susciperem; nec si quis esset inter illos scientiæ magistros qui nostris diebus tanta luce inclaruere, qui sedulo animum in hoc studium convertisset, unquam suscepissem; fama enim vix speranda est, vituperatio potius timenda, in incepto quo tot tantique viri jam succubuere. Sed periculum imminet, tota scientia mole ruit sua; nec video ullam aliam esse spem salutis, quam omnes partes systematis artificiosas rejiciendo, novamque ordinum distributionem vere naturalem substituendo. Si nullum in systema naturale perficiendum conamen hucusque feliciter evenit, persuasum mihi habeo in eo est, quod sæpius proposita quædam Jussiæana de characterum valore pro certissimis habita fuerunt, quæ nihilominus inter fallacissima habenda sunt. Talia præsertim sunt *perigynesis* et *hypogynesis*; characteres equidem utiles, et pro generibus vel etiam ordinibus stabiliendis graves, sed vix affinitatum ulteriorum indicia, nec nisi rarissime ad subdivisiones classium idonei.

Characteres hujusmodi, scilicet hypogynesis et perigynesis, inter Jussiæanos fundamentales, meo sensu sunt quam maxime lubrici, ut non dicam dolosi. *E. g.* Mimosas habemus hypogynas inter Leguminosas sæpius perigynas, tot Saxifragearum hypogynas quot perigynas, Caryophyllearum genus Larbream perigynam medio turbæ hypogynarum, plurimaque alia cuique Botanico cognita; nec intelligendum est quare adhesio filamentorum cum tubo calycis, sæpius vix detegenda, tanti sit momenti ut formas dirimet aliter simillimas.

Nec minus gravis est error millies repetitus, characterem dare sectionem, nec sectionem characterem. Num dogma illud recipiendum sit omnino ex natura characteris pendere videtur; character si fundamentalis, absolutus est, et sectionem definit; si levioris sit ponderis, ad sectiones limitandas parum est idoneus, et rejiciendus. *E. g.* endogeneitas est character Endogenarum; quis Smilacem Dioscoreamve his expelleret, quia facies earum est Menispermi vel Euphorbiaceæ cujusdam? Præterea *affinitas*, methodi naturalis fundamentum, nihil est nisi characterum congruentia essentialium, ut *analogia* accidentalium.

Quid igitur essentiale? et quomodo inter diversos gradus characterum distinguamus? Ecce difficultas; non verbis, sed experientia sola solvenda. Dictis eorum minime assentio qui characterum valorem a priore determinandum putant, et gradum dignitatis gradui evolutionis parem statuunt. E contrario, hoc solum pro certo habemus, characteres physiologicos nullis postponendos, ut sexus præsentia vel absentia, germinationis vel crescendi modus, et anatomia interna truncorum; omnesque alios, sive e floris structura, sive fructus, sive seminum aliorumve partium, nunc graves nunc leviores esse in diversis regni vegetabilis regionibus, ob causas hucusque omnino ignotas. Verbi causa, epigynesis florum inter Compositas absoluta est et omnino illis plantis essentialis, Ericeis minoris est momenti Vaccinio teste, Saxifrageis nihili est; albuminis magna copia embryone minimo comitata, divisionem primariam Dicotyledonearum polypetalarum constituere videtur, sed inter Monopetalas mere est accidentalis, ut Orobancheis Pyrolaceisque probatur.

His præmissis, verba paucissima dicam de systemate.

v

Nullam existere sectionem limitibus certis et absolutis circumscriptam plurimis auctoribus visum est; speciebus solis characteres limitatos pertinere asseritur; vix autem recte. Notæ physiologicæ omnes videntur absolutæ, v. gr. sexualitas et esexualitas, endogenesis et exogenesis, gymnospermesis, etc.; characteres e structura derivati soli sunt qui vacillant. Hi, physiologicis inferiores, nixus varios plantarum tantum exprimunt, nunc in unam speciem evolutionis tendentium, nunc in alteram; talium quidem definitiones nullæ, diagnoses solæ adhibendæ. Horum nixuum characteres ita dicti nihil sunt nisi indicia formarum prævalentium quæ in typis inveniuntur: exceptionibus abundant, " ad characteres autem," ut bene dixit Agardhius, " non ad affinitatem pertinentibus." Plantæ quæ ideæ nixus maxime sunt conformes characteribus sectionis omnino respondebunt, quæ maxime aberrant minus, imo minime; sic Onagrales quæ polypetalæ sunt Halorageas comprehendunt apetalas, Ericalesque hypogynæ Vaccinia epigyna. Talium ordinum characterem maxime essentialem latere possibile est; sed usque dum melior detegatur, solus est quo utamur. Hoc autem mihi maxime persuasum habeo, eum laborem Danaideum tentare qui Naturam in externis immutabilem deprehendere molitur.

Dispositionem dichotomam omnium naturalissimam esse, et unicam veram posuit Friesius; ex hac quaternariam derivari apud omnes constat; quinariæ autem, quam vindicavit acutissimus Macleay, necessitas minus manifesta est, existentia imo ejus diu me effugit. Fatendum autem est, series affinitatum quas in systemate nostro maxime sunt naturales, sæpius in ordinem quinarium, me invito, collocari.

Circulos magis minusve clausos veras affinitates plantarum exprimere, ut bene exposuit Friesius, sæpissime inveni, nec dubito quin revera sit hæc lex affinitatis lapis lydius. Nihilominus circuli plurimi adsunt adhuc imperfectissimi, quorum forte quidam semper incompleti erint, ex ipsa rerum natura; alii, et maxima pars, mox perficiendi, ut experientia quotidiana docuit. Studium sit Botanicorum saltus hos, vel si mavis hiatus, perite replere; sic enim labores in punctum unicum directi ad scientiæ perfectionem pertinebunt; sic vera sectionum dignitas, sic veræ nixuum relationes patefactæ erint, et Regni Vegetabilis Systema nomen *Naturale* jure sibi vindicabit.

NIXUS PLANTARUM.

Singula sphæra (sectio) ideam quandam exponit, indeque ejus character notione simplici optime exprimitur. *Fries.*

CLASSES.

Sexuales
- vasculares
  - I. EXOGENÆ angiospermæ.
  - ....II. GYMNOSPERMÆ.
  - III. ENDOGENÆ.
- evasculares   IV. RHIZANTHEÆ.

V. ESEXUALES.

Hi circulum formant, cujus centrum sunt Exogenæ et Endogenæ, et punctum commune Esexuales. Ordinatio hujusmodi:

Exogenæ, Endogenæ,
Gymnospermæ, Rhizantheæ,
Esexuales.

Exogenæ in Endogenas abeunt per Smilales, in Gymnospermas per Piperales; Gymnospermæ in Esexuales per Equisetum et Cycadem; Esexuales in Rhizantheas per Fungos; Rhizantheæ in Endogenas per Aroideas: sic circulus completus.

Classis I. EXOGENÆ.

Subclasses sunt

{ Completæ; calyce corollaque perfectis; v. saltem calyce altius
    evoluto si petala desint; abeunt in
      1. POLYPETALAS.
      3. MONOPETALAS.
  2. INCOMPLETÆ; corolla nulla; calyce sæpius parum
    evoluto v. omnino deficiente.

Exogenarum nulla inventa est divisio magis naturæ consentanea quam illa quæ e floris evolutione diversa pendet: revera characteres haud semper constant, et difficultas oritur e generibus alioquin omnino ordinibus polypetalis pertinentibus in quibus nihilominus petala deficiunt, et similibus. Coordinatio tamen his principiis fundata omnino naturalis est, si rite perspiciantur.

Meo sensu omnes ordines quibus sunt organa floralia herbacea depauperatave *Incompletis* pertinent, non obstante duplici horum organorum serie—quales sunt Menispermeæ; nec a polypetalis repellendi alii, quales Euphorbiaceæ, quibus petala colorata sæpissime adsunt, quamvis genera quædam Europæa usitatiora petalis carent. Genera polypetala, quæ ob petalorum cohesionem monopetala simulant, ægre equidem distinguenda nisi affinitate et eo quod petalorum *bases* parum adhærent; hoc autem, si rite observetur, difficultatem diminuit—in veris monopetalis styli rarissime dividuntur, et pistilla raro apocarpa sunt; dum fere omnes polypetalæ quorum petala cohærent sunt apocarpa; v. g. Meliaceæ, Diosmeæ, Malvaceæ, Crassulaceæ, Anonaceæ, Leguminosæ, &c.

Subclassis I. POLYPETALÆ.

Cohortes sunt

1. Albuminosæ; embryone albumine multoties minore.
2. Gynobasicæ; carpellis circa axin elevatum perductum ordinatis.
3. Epigynæ; ovario infero, sæpius disco epigyno. (N.B. Huc pertinent genera quædam hypogyna* diplostemonea, calyce longe tubuloso: laciniis depauperatis.)
4. Parietales; placentis parietalibus.
5. Calycosæ; calyce incomplete verticillato: sepalis 2 exterioribus.
6. Syncarpæ; characteribus nullis præcedentium; sed carpellis conferruminatis.
7. Apocarpæ; characteribus nullis præcedentium; sed carpellis distinctis, v. facie separabilibus, v. solitariis.

---

* Hoc libello omnia genera hypogyna dicuntur quibus ovarium superum, et epigyna quibus inferum; ergo hypogynesis nostra = perigynesin et hypogynesin aliorum.

Seu

    Apocarpæ (*rosales*) (*ranales*) Albuminosæ
      (*saxales*)   (*ranales*)

     (*onagrales*)   (*malvales*)
    Epigynæ   Syncarpæ
     (*cucurbitales*)   (*silenales*)

     (*passionales*)   (*cistales*)
    Parietales   Calycosæ
     (*violales*)   (*guttales*)

    (*geraniales*)   Gynobasicæ (*rutales*)

Cohors I. ALBUMINOSÆ.

Nixus 1. *Ranales.* Apocarpæ, herbaceæ, v. placentis sæpe parietalibus.

Tri-pentameræ, aquosæ	1. Ranunculaceæ.
	1. § Sarracennieæ.
Di-tetrameræ, sæpius lactifluæ	2. Papaveraceæ.
	2. § Fumariaceæ.
Vitellosæ	3. Nymphæaceæ.
	3. § Podophylleæ.
	3. § Hydropeltideæ.
Cryptocarpæ	4. Nelumboneæ.
Perigynæ	5. Cephaloteæ *R. Br.*

Nixus 2. *Anonales.* Apocarpæ, lignosæ.

Unisexuales, trilobæ	6. Myristiceæ.
Stipulatæ, impunctatæ	7. Magnoliaceæ.
Stipulatæ, punctatæ	8. Wintereæ.
Exstipulatæ, tripetalæ	9. Anonaceæ.
	9. § Schizandreæ *Bl.*
Exstipulatæ, pentapetalæ	10. Dilleniaceæ.

Nixus 3. *Umbellales.* Epigynæ, umbellatæ.

Dicarpæ	11. Umbelliferæ.
Pleiocarpæ	12. Araliaceæ.

Nixus 4. *Grossales.* Epigynæ, racemosæ.

Parietales	13. Grossulaceæ.
Centrales,* polyspermæ	14. Escallonieæ.
Centrales, oligospermæ	15. Bruniaceæ.

---

* *i. e.* placentis centralibus.

Nixus 5. *Pittosporales.* Hypogynæ, centrales.
>   Oligospermæ, biloculares . . . . 16. Vites.
>   Polyspermæ, pluriloculares . . . 17. Pittosporeæ.
>   Schistopetalæ, asymmetricæ . . . 18. Olacineæ.
>
>   Polysperma, 1-locularis . . . . . 19. ? Dionæa.

Cohors verosimiliter omnino naturalis; etiam characteri essentiali conformis, si Nelumbium exalbuminosum excipias. Dionæa sola alienigena videtur; forsitan punctum commune Pittosporalium adhuc incompletarum, inter quas omnino analoga est cum Cephaloto in Ranalibus, Adrastæa? in Anonalibus.

Non obstantibus ordinibus quibusdam deficientibus, cohors circulum fere clausum efficit. Ranales in Umbellales abeunt per Thalictrum; Umbellales in Pittosporales per Leeam; Pittosporales in Grossales per Vitim et Billardieram; Ranales in Anonales per plurima genera.

Series affinitatum fortasse sequenti modo exponenda est;

```
              Magnoliaceæ.......................Ranunculaceæ
   2. Anonales Wintereæ                         Papaveraceæ         1. Ranales
              Anonaceæ                          Nymphæaceæ     (Thalictrum)
              Myristiceæ                        Nelumboneæ
              Dilleniaceæ..(Adrastæa)..Cephaloteæ
                                  :
                                  :
                       (?Dionæa)—
   4. Grossales Escallonieæ       Olacineæ                            3. Umbellales
              Bruniaceæ       5.  Pittosporeæ     Umbelliferæ
              (Tittmannia)    Pitto- (Billardiera)
              Grossulaceæ...(Ribes)...Vites......(Leea)....Araliaceæ.
```
   (*Obs.* Genera annectentia literis cursivis indicantur.)

Cohors II. GYNOBASICÆ.

Nixus 1. *Rutales.* Monostylæ (v. punctatæ).
>   Gynobasis carnosa, carpella distincta . 20. Ochnaceæ.
>   Alternifoliæ, staminibus squamis insertis 21. Simarubaceæ.
>   Exstipulatæ, capsulares . . . . 22. Rutaceæ.
>   22. § Diosmeæ.
>   Stipulatæ, oppositifoliæ . . . . . 23. Zygophylleæ.
>   Unisexuales . . . . 24. Xanthoxyleæ.

Nixus 2. *Geraniales.* Polystylæ, syncarpæ.
>   Indehiscentes, symmetricæ . . . . 25. Hydrocereæ.
>   Indehiscentes, asymmetricæ . . . 26. Tropæoleæ.
>   Pentacoccæ, rostratæ . . . . . 27. Geraniaceæ.
>   Polyspermæ, symmetricæ . . . . 28. Oxalideæ.
>   Polyspermæ, asymmetricæ . . . 29. Balsamineæ.

Nixus 3. *Coriales.* Polystylæ, apocarpæ.

        30. Coriarieæ.

Nixus 4. *Flörkeales.* Monostylæ, schistocarpæ.

        31. Limnantheæ *R. Br.*

Cohors ab Agardhio primum stabilita, procul dubio naturalissima, quamvis adhuc turmis plurimis orbata. Brunonius stationem Flörkealium melius quam ego perspexit.

Cohors III. EPIGYNÆ.

Nixus 1. *Onagrales.* Oligandræ, centrales.

Tetrameræ	32. Onagrariæ.
	32. § Circæaceæ.
	32. § Halorageæ.
Monocarpæ, platypetalæ	33. Combretaceæ.
Monocarpæ, stenopetalæ	34. Alangieæ.
Interstipulares	35. Rhizophoreæ.
! Hypogynæ	36. Salicariæ.

Nixus 2. *Myrtales.* Polyandræ, centrales.

Unicostatæ, staminibus inflexis	37. Memecyleæ.
Punctatæ	38. Myrtaceæ.
Multicostatæ, staminibus inflexis	39. Melastomaceæ.
Alternifoliæ, irregulares	40. Lecythideæ.
Impunctatæ, staminibus rectis	41. Philadelpheæ.

Nixus 3. *Cornales.* Valvatæ.

Stipulatæ	42. Hamamelideæ.
Exstipulatæ	43. Corneæ.
Parasiticæ, petalis antheriferis	44. Lorantheæ.

Nixus 4. *Cucurbitales.* Parietales.

Unisexuales, apetalæ	45. Cucurbitaceæ.
Coronatæ*	46. Loaseæ.
Pleistopetalæ	47. Cacteæ.
Glanduliferæ, petalis sepalisque similibus.	48. Homalineæ.

Nixus 5. *Begoniales.* Unisexuales, centrales.

        49. Begoniaceæ.

Characteri cohortis hujus repugnant equidem omnes Salicariæ pluresque Melastomaceæ; an igitur verus? Naturali tamen nexu omnes colligi videntur, et locum optime indicari Begoniæ adhuc incerto sitæ. Cucurbitaceæ revera apetalæ sunt, sed earum calyx maxime evolutus corollæ procul dubio fungitur officio.

---

* *i. e.* staminibus abortivis coronam Passifloræ simulantibus.

Cohors IV. PARIETALES.

Nixus 1. *Cruciales*. Curvembriæ, exalbuminosæ.

Tetradynamæ	50. Cruciferæ.
Polyandræ	51. Capparideæ.
Tricarpæ	52. Resedaceæ.

Nixus 2. *Violales*. Oligandræ, corona nulla.

Stipulatæ	53. Violaceæ.
Punctatæ	54. Samydeæ.
Siliquosæ	55. Moringeæ.
Circinatæ	56. Droseraceæ.
Calyce costato	57. Frankeniaceæ.

Nixus 3. *Passionales*. Coronatæ, petiolis sæpius glandulosis.

Stipulatæ	58. Passifloreæ.
Unisexuales	59. Papayaceæ.
Placentæ per omnem parietem effusæ	60. Flacourtiaceæ.
Exstipulatæ, ovario stipitato	61. Malesherbiaceæ.
Exstipulatæ, ovario sessili (corona 0)	62. Turneraceæ.

Nixus 4. *Bixales*. Polyandræ, punctatæ.

63. Bixineæ

Passionalium character certe latet, ob Turneraceas; cæterum cohors affinitates bene colligit. Resedaceas Capparideis conterminas esse olim negavi, mox Brunonius asseruit, nuper Henslovius probavit. In hoc quoque pessime judicavi quod Datisceas Resedaceis appropinquavi, non obstante Brunonii sagacissimi monitu.

Cohors V. CALYCOSÆ.

Nixus 1. *Guttales*. Polyandræ, exalbuminosæ, isopetalæ.*

Oligospermæ, simplicifoliæ	64. Guttiferæ.
Oligospermæ, compositifoliæ	65. Rhizoboleæ.
Polyspermæ, asymmetricæ, alternifoliæ	66. Marcgraaviaceæ.
Polyspermæ, polystylæ	67. Hypericineæ.

Nixus 2. *Theales*. Polyandræ, exalbuminosæ, anisopetalæ.

68. Ternströmiaceæ.

Nixus 3. *Acerales*. Asymmetricæ, oligandræ.

Gymnopetalæ, fructu dimero clauso alato	69. Acerineæ.
Discoideæ, petalis appendiculatis, fructu trimero	70. Sapindaceæ.
Gymnopetalæ, fructu dehiscente	71. Hippocastaneæ.
Papilionaceæ	72. Polygaleæ.
Calcaratæ	73. Vochyaceæ.

---

* *i. e.* petalis sepalis æqualibus.

Nixus 4. *Cistales.* Albuminosæ, regulares.

Decandræ	74. Lineæ.
Polyandræ, involucratæ	75. Chlenaceæ.
Polyandræ, monostylæ, radicula hilo remota	76. Cistineæ.
Polyandræ, polystylæ, trichospermæ	77. Reaumurieæ.

Nixus 5. *Berberales.* Monocarpæ, antherarum valvulis recurvis. . . . . 78. Berberideæ.

Hujus cohortis characteres caute distinguendi. Gynobasicæ plurimæ calyces habent pariter imbricatos, sed gynobasei amoventur. Imbricatio in eo constat quod verticillus foliorum floralium frangitur, unde unum vel 2 foliola calycis cæteris omnino sunt externa.

Cohors VI. SYNCARPÆ.

Nixus 1. *Malvales.* Valvatæ, carpellis 4 v. pluribus.

Synandræ, antheris bilocularibus .	79. Sterculiaceæ.
Synandræ, antheris unilocularibus .	80. Malvaceæ.
Porandræ, schistopetalæ	81. Elæocarpeæ.
Eleutherandræ, hypogynæ . . .	82. Tiliaceæ.
Synandræ, calyce in fructu aucto irregulari	83. Dipterocarpeæ.

Nixus 2. *Meliales.* Imbricatæ, carpellis 4 v. pluribus.

Tubiferæ, seminibus apteris . . .	84. Meliaceæ.
Submonadelphæ, seminibus alatis .	85. Cedreleæ.
Monadelphæ, connectivis dilatatis .	86. Humiriaceæ.
Punctatæ, fructu succulento . . .	87. Aurantiaceæ.
Perigynæ, disco maximo	88. Spondiaceæ.

Nixus 3. *Rhamnales.* Valvatæ, carpellis 4 paucioribus.

Stamina petalis opposita	89. Rhamneæ.
Stamina petalis alterna	90. Chailletiaceæ.
Porandræ, carunculatæ	91. Tremandreæ.
Subpolyandræ, succulentæ . . .	92. Nitrariaceæ.
Balsamifluæ	93. Burseraceæ.

Nixus 4. *Euphorbiales.* Imbricatæ, carpellis 4 paucioribus.

Unisexuales, tricoccæ	*94. Euphorbiaceæ.

---

* Euphorbiaceæ apetalis semper referuntur; nescio quo jure, cum inter genera 61 cl. Jussiæo illustrata, 32 sunt corollata; ordinis evolutio versus petala et statum completum manifeste tendit.

Hermaphroditæ, synpetalæ . . 95. Stackhouseæ.
Polyspermæ, synpetalæ . . . 96. Fouquieraceæ.
Hermaphroditæ, apopetalæ . . 97. Celastrineæ.
          97. § Hippocrateaceæ.
          97. § Staphyleaceæ.
Unguiculatæ, pterocarpæ . . . 98. Malpighiaceæ.
          98. § Erythroxyleæ.

Nixus 5. *Silenales*. Embryo circa albumen farinaceum arcuatus.

Disepalæ . . . . 99. Portulaceæ.
Tetra-penta-sepalæ, sepalis concretis. 100. Sileneæ.
Tetra-penta-sepalæ, sepalis distinctis. 101. Alsineæ.
Loculicidæ, trichospermæ . . . 102. Tamariscineæ.
Stipulatæ . . . . 103. Illecebreæ.

Cohors VII. APOCARPÆ.

Nixus 1. *Rosales*. Exalbuminosæ.

Regulares . . . . 104. Rosaceæ.
          104. § Pomaceæ.
          104. § Sanguisorbeæ.
          104. § Amygdaleæ.
Leguminiferæ, radicula hilo proxima. 105. Leguminosæ.
          105. § Swartzieæ.
          105. § Cæsalpinieæ.
          105. § Mimoseæ.
Leguminiferæ, radicula hilo remota. 106. Connaraceæ.
Stylus a basi carpellorum . . . 107. Chrysobalaneæ.
Pleistopetalæ . . . . 108. Calycantheæ.

Nixus 2. *Saxales*. Dicarpæ, polyspermæ, albuminosæ.

Porandræ, polyandræ . . . . 109. Baueraceæ.
Oppositifoliæ, stipulis interpetiolaribus . . . . 110. Cunoniaceæ.
Alternifoliæ . . . . 111. Saxifrageæ.

Nixus 3. *Ficoidales*. Curvembriæ, albuminosæ.

          112. Ficoideæ.

Nixus 4. *Crassales*. Pleiocarpæ, polyspermæ, albuminosæ.

Carpella sepalis alterna . . . . 113. Crassulaceæ.
Staminum dimidia sterilis . . . 114. Galacineæ.

Nixus 5. *Balsamales*. Balsamifluæ.

Punctatæ, monocarpæ . . . . 115. Amyrideæ.
Impunctatæ . . . . 116. Anacardiaceæ.

Subclassis II. INCOMPLETÆ.

Cohortes sunt
1. TUBIFERÆ; calyce tubuloso, sæpe corollam simulante; (nec characteribus sequentium).
2. CURVEMBRIÆ; embryone circa albumen arcuato, v. hippocrepico, v. spirali; (calyce raro tubuloso).
3. RECTEMBRIÆ; calyce valde imperfecto, embryone recto.
4. ACHLAMYDEÆ; calyce corollaque omnino deficientibus.
5. COLUMNIFERÆ; staminibus monadelphis.

Seu

    CURVEMBRIÆ (*sclerales*) (*daphnales*) TUBIFERÆ.
      (*cocculales*)   (? *proteales*)

    (*piperales*)   (*aristolochiales*)
    ACHLAMYDEÆ   COLUMNIFERÆ
    (*salicales*)   (? *nepenthales*)

    (*amentales*) .... RECTEMBRIÆ .... (? *urticales*)

Nyctagineæ ideæ subclassis in quibusdam speciebus repugnant, calyx enim petaloideus omnino plantas polypetalas refert. Thymelæarum glandulæ fauciales stamina abortiva videntur nec petala, quia nec marcescunt nec unquam in statu petaloideo augentur.

Cohors I. TUBIFERÆ.

Nixus 1. *Santalales*. Epigynæ.   117. Santalaceæ.

Nixus 2. *Daphnales*. Imbricatæ, monocarpæ.
    Eleutherandræ, lepidotæ . . . . 118. Elæagneæ.
    Eleutherandræ, glabræ . . . . 119. Thymeleæ.
    Unisexuales, cotyledonibus lobatis . 120. Hernandieæ.
    Monadelphæ . . . . 121. Aquilarineæ.

Nixus 3. *Proteales*. Valvatæ.   122. Proteaceæ.

Nixus 4. *Laureales*. Antherarum valvulis recurvis.
    Foliosæ, arborescentes, aromaticæ . 123. Laurineæ.
    Aphyllæ, herbaceæ, insipidæ . . 124. Cassytheæ.
                                      Bartl.

Nixus 5. *Penæales*. Polycarpæ.   125. Penæaceæ.

Cohors II. CURVEMBRIÆ.

Nixus 1. *Chenopodales*. Albuminosæ, radicula hilo proxima.
    Xeranthæ, multibracteatæ . . . 126. Amarantaceæ.
    Chloranthæ, monocarpæ . . . . 127. Chenopodeæ.
    Chromanthæ, polycarpæ . . . . 128. Phytolacceæ.

Nixus 2. *Polygonales*. Albuminosæ, radicula hilo aversa. . . . . . . 129. Polygoneæ.

Nixus 3. *Petivales*. Exalbuminosæ, cotyledonibus spiralibus. . . . . 130. Petiveraceæ.

Nixus 4. *Sclerales*. Albuminosæ, tubo calycis indurato.
Limbo calycis herbaceo . . . . 131. Sclerantheæ.
Limbo calycis petaloideo . . . 132. Nyctagineæ.

Nixus 5. *Cocculales*. Exalbuminosæ, cotyledonibus planis. . . . . . . 133. Menispermeæ.

Menispermeas revera incompletas esse, non obstantibus verticillis duplicibus perianthii, vix dubitandum; nec ulla est ratio quare ad polypetalas relegentur nisi numerus partium ternarius, character sane levissimus. Medium quasi tenent inter Exogenas et Endogenas.

Cohors III. RECTEMBRIÆ.

Nixus 1. *Amentales*. Pleiocarpæ, amentiferæ.
Flores fœminei cupula cincti . . 134. Cupuliferæ.
Flores fœminei amentis squamatis ordinati . . . . 135. Betulineæ.

Nixus 2. *Urticales*. Monocarpæ v. polycarpæ, continuæ (evaginatæ).
Scabridæ, antheris long. dehiscentibus 136. Urticeæ.
                                                 136. § Ceratophylleæ.
                                                 136. § Artocarpeæ.
Antheræ transverse dehiscentibus . 137. Stilagineæ.
Insipidæ, hypogynæ . . . . . 138. Empetreæ.*
Aromaticæ, hypogynæ . . . . 139. Myriceæ.
Balsamifluæ, epigynæ . . . . 140. Juglandeæ.

Nixus 3. *Casuarales*. Monocarpæ, articulatæ (vaginatæ). . . . . . 141. Casuarineæ.

Nixus 4. *Ulmales*. Dicarpæ, scabræ. 142. Ulmaceæ.

Nixus 5. *Datiscales*. Polyspermæ.
Epigynæ . . . . 143. Datisceæ.
Hypogynæ . . . . 144. Lacistemeæ.

---

* Stigma squamæque hypogynæ inter alia veram affinitatem Empetrearum cum Myriceis demonstrare videntur.

Cohors IV. ACHLAMYDEÆ.

Nixus 1. *Piperales.* Spicatæ, monocarpæ.
    Oppositifoliæ, stipulis interpetiolaribus. 145. Chlorantheæ.
    Alternifoliæ, polycarpæ . . . 146. Saurureæ.
    Alternifoliæ, monocarpæ . . . 147. Piperaceæ.

Nixus 2. *Salicinales.* Amentaceæ, monocarpæ v. apocarpæ.
    Polyspermæ, seminibus comosis . 148. Salicineæ.
    Monospermæ . . . . . . 149. Plataneæ.
    Polyspermæ seminibus calvis . . 150. Balsamifluæ *Bl.*

Nixus 3. *Monimiales.* Involucratæ.
    Antheræ longitudinaliter dehiscentes 151. Monimieæ.
    Antherarum valvulæ recurvæ . . 152. Atherospermeæ.

Nixus 4. *Podostemales.* Dicarpæ, polyspermæ.
    153. Podostemeæ.

Nixus 5. *Callitrales.* Polycarpæ. 154. Callitrichineæ.

Cohors V. COLUMNIFERÆ.

Nixus 1. *Nepenthales.* Hypogynæ. 155. Nepentheæ.

Nixus 2. *Aristolochiales.* Epigynæ. 156. Aristolochiæ.

Subclassis III. MONOPETALÆ.

Cohortes sunt
1. Polycarpæ; hypogynæ (raro epigynæ) ovario polycarpo.
2. Epigynæ; epigynæ, ovario 2-∞-carpo.
3. Dicarpæ; hypogynæ regulares, ovario dicarpo.
4. Personatæ; hypogynæ irregulares, ovario dicarpo.
5. Aggregatæ; ovario monocarpo.

Seu

    Aggregatæ (*asterales*) (*campanales*)   Epigynæ
        (*dipsales*)   (*cinchonales*)

     (*labiales*)   (*primulales*)
    Personatæ   Polycarpæ
     (*scrophulales*)   (*nolanales*)

     (*solanales*) . . . . . . Dicarpæ . . . . . . (*echiales*)

Cohors I. POLYCARPÆ.

Nixus 1. *Brexiales.* Exalbuminosæ, carpellis 5.
                                    157. Brexiaceæ.

Nixus 2. *Ericales.* Porandræ, carpellis 4-5.

Semina alata	158. Pyrolaceæ.
Antheræ biloculares, semina aptera	159. Ericeæ.
Antheræ biloculares, ovarium inferum	160. Vaccinieæ.
Antheræ uniloculares	161. Epacrideæ.

Nixus 3. *Primulales.* Schistandræ, albuminosæ, carpellis 4-5.

Herbæ, petalis staminibus oppositis	162. Primulaceæ.
Lignosæ, petalis staminibus oppositis	163. Myrsineæ.
Lactescentes, calyce corollaque duplicibus	164. Sapoteæ.
Aquosæ, staminibus sepalis duplis	165. Ebenaceæ.
	165. § Styraceæ.
Aquosæ, staminibus sepalis æqualibus	166. Ilicineæ.

Nixus 4. *Nolanales.* Schistocarpæ, carpellis 5 pluribusve. . . . . . . 167. Nolanaceæ *m.*

Nixus 5. *Volvales.* Carpellis 2-4.

Aphyllæ, embryone spirali	168. Cuscuteæ *m.*
Volubiles, æstivatione plicata	169. Convolvulaceæ.
Rectæ, æstivatione imbricata, carpellis 3	170. Polemoniaceæ.
Polystylæ, polyspermæ	171. Hydroleaceæ.

Cohors II. EPIGYNÆ.

Nixus 1. *Campanales.* Exstipulatæ, polyspermæ.

Synandræ	172. Lobeliaceæ.
Eleutherandræ	173. Campanulaceæ.
! Polyandræ	??174. Belvisieæ.
Diandræ	175. Columelliaceæ.

Nixus 2. *Goodenales.* Stigma indusiatum.

Gynandræ	176. Stylidieæ.
Polyspermæ	177. Goodenoviæ.
Oligospermæ	178. Scævoleæ.

Nixus 3. *Cinchonales.* Stipulæ interfoliaceæ.

Albuminosæ	179. Cinchonaceæ.
Exalbuminosæ	180. Lygodysodeaceæ *Bartl.*

Nixus 4. *Capriales.* Exstipulatæ, oligospermæ.
                                        181. Caprifoliaceæ.

Nixus 5. *Stellales.* Didymocarpæ, foliis verticillatis exstipulatis. .... 182. Stellatæ.

Cohors III. DICARPÆ.

Nixus 1. *Gentianales.* Symmetricæ, carpellis accumbentibus ( ).

Induviatæ, imbricatæ	183. Gentianeæ.
Valvatæ	184. Spigeliaceæ.
Contortæ, eleutherandræ	185. Apocyneæ.
Gynandræ	186. Asclepiadeæ.

Nixus 2. *Oleales.* Diandræ.

Valvatæ	187. Oleaceæ.
Imbricatæ	188. Jasmineæ.

Nixus 3. *Loganiales.* Asymmetricæ, pleiandræ.

Stipulatæ	189. Loganiaceæ.
Subpentandræ	190. Potaliaceæ.

Nixus 4. *Echiales.* Inflorescentia gyrata.

Schistocarpæ	191. Bragineæ.
Syncarpæ, stylo bifido	192. Ehretiaceæ.
	192. § Heliotropiceæ.
Syncarpæ, stylo dichotomo	193. Cordiaceæ.
Uniloculares, placentis parietalibus	194. Hydrophylleæ.

Nixus 5. *Solanales.* Symmetricæ, carpellis incumbentibus ⌣.

Curvembriæ, cotyledonibus cylindricis	195. Solaneæ.
Rectembriæ, cotyledonibus foliaceis	196. Cestrineæ *Schlecht.*

Cohors IV. PERSONATÆ.

Nixus 1. *Labiales.* Bi-quadri-ovuliferæ.

Schistocarpæ	197. Labiatæ.
Sub-4-loculares, radicula infera	198. Verbenaceæ.
Sub-4-loculares, radicula supera	199. Myoporineæ.
Biloculares, ovulis pendulis, anth. 1-loc.	200. Selagineæ.
Biloculares, ovulis erectis, anth. 2-loc.	201. Stilbineæ *Kth.*

Nixus 2. *Bignoniales.* Exalbuminosæ, retinaculis nullis.

Pterospermæ	202. Bignoniaceæ.

Nucamentaceæ . . . . 203. Pedalineæ.
Quadriplacentatæ, seminibus apteris 204. Cyrtandraceæ.

Nixus 3. *Scrophulales.* Polyspermæ, albuminosæ.

    Foliosæ, ovario supero . . . . 205. Scrophularineæ.
    Aphyllæ, embryone minuto . . . 206. Orobancheæ.
    Foliosæ, ovario subinfero 1-loculari 207. Gesnereæ.

Nixus 4. *Acanthales.* Exalbuminosæ, retinaculatæ.

                              208. Acanthaceæ.

Nixus 4. *Lentibales.* Placenta centrali libera.

                              209. Lentibulariæ.

Cohors V. AGGREGATÆ.

Nixus 1. *Asterales.* Syngenesistæ.

    Albuminosæ . . . . 210. Calycereæ.
    Exalbuminosæ . . . . 211. Compositæ.

N.B. Circulus verosimiliter clausus, si Compositas e 4 ordinibus, nempe Cynarocephalis, Corymbiferis, Cichoraceis, Bilabiatisque habeas.

Nixus 2. *Dipsales.* Eleutherandræ, epigynæ.

    Monocarpæ . . . . 212. Dipsaceæ.
    Tricarpæ, carpellis 2 abortientibus . 213. Valerianeæ.

Nixus 3. *Brunoniales.* Monostylæ, indusiatæ.

                              214. Brunoniaceæ.

Nixus 4. *Plantales.* Monostylæ stigmate nudo.

    Spurie* pluriloculares . . . . . 215. Plantagineæ.
    Asymmetricæ . . . . 216. Globularineæ.

Nixus 5. *Plumbales.* Pentastylæ, pentameræ.

                              217. Plumbagineæ.

Classis II. GYMNOSPERMÆ.

    Unigemmatæ, vernatione gyrata . 218. Cycadeæ.
    Multigemmatæ, strobiliferæ . . . 219. Coniferæ.
    Multigemmatæ, monanthæ . . . 220. Taxineæ.
    Acotyledoneæ . . . . 221. Equisetaceæ.

---

* Septorum situs loculos esse omnino abnormales pistillumque simplicissimum optime probat.

Seu

       Cycadeæ   Coniferæ
       (*zamia*)
       Equisetaceæ (*ephedra*) Taxineæ

Equiseta verosimiliter sunt Sexualium infimus gradus; inflorescentia, systemate vasculari, sexu (nempe filamentis clavatis=antheras, nucleo=ovulum), habitu, denique rudimentis lamellarum lignearum in trunco, sexualibus congruunt, e contrario esexualibus ovulo imperfecto tantum conveniunt,—charactere ut videtur minoris ponderis si ovula Rhizanthearum rite perpendas.

Classis III. ENDOGENÆ.

Cohortes sunt
1. Epigynæ; eleutherandræ, ovario infero.
2. Gynandræ; synandræ, ovario infero.
3. Hypogynæ; flore trimero colorato, ovario supero.
4. Imperfectæ; flore herbaceo, v. imperfecto, v. nullo, v. denique dimero colorato, ovario supero.
5. Glumaceæ; bracteis squamaceis perianthii loco.

Seu

    Gynandræ (*orchideæ*)   (*ixiales*) Epigynæ
      (*apostasieæ*)   (*bromeliales*)

     (*liliales*)   (*pandales*)
    Hypogynæ   Imperfectæ
     (*juncales*)   (*typhales*)

   (*restiaceæ*).... Glumaceæ....(*cyperaceæ*)

Cohors I. EPIGYNÆ.

Nixus 1. *Amomales*. Penniveniæ.

Monandræ, anthera 2-loculari	. .	222. Scitamineæ.
Monandræ, anthera 1-loculari	. .	223. Marantaceæ.
Pleiandræ	. . . .	224. Musaceæ.

Nixus 2. *Narcissales*. Hexapetaloideæ, hexandræ.

Parvifloræ, testa crustacea	. . .	225. Hypoxideæ.
Grandifloræ, planifoliæ	. . . .	226. Amaryllideæ.
Equitantes, lanigeræ	. . . . .	227. Hæmodoraceæ.
Equitantes, pterocarpæ	. . . .	228. Burmanniæ.
Uniloculares, placentis parietalibus	.	229. Tacceæ *Presl*.

Nixus 3. *Ixiales*. Triandræ. . . . 230. Irideæ.

Nixus 4. *Bromeliales*. Tripetaloideæ, lepidotæ (albuminosæ). ; . . . . . 231. Bromeliaceæ.

Nixus 5. *Hydrales.* Tripetaloideæ, glabræ (exalbuminosæ). . . . . 232. Hydrocharideæ.

Cohors II. GYNANDRÆ.

Monandræ	233. Orchideæ.
Diandræ, ovario 1-loculari . . .	234. Cypripedieæ *m.*
Diandræ, ovario 3-loculari . . .	235. Apostasieæ *m.*

Cohors III. HYPOGYNÆ.

Nixus 1. *Palmales.* Hexapetaloideæ, embryone vago.
                                  236. Palmæ.

Nixus 2. *Liliales.* Hexapetaloideæ, embryone axili.
    Petala post anthesin involuta . . 237. Pontedereæ.
    Hexandræ, antheris posticis . . . 238. Melanthaceæ.
    Irregulares, extra florem appendiculatæ 239. Gilliesieæ.
    Hexandræ (parvifloræ) testa crustacea 240. Asphodeleæ.
    Hexandræ (grandifloræ) testa molli . 241. Liliaceæ.

Nixus 3. *Commelales.* Tripetaloideæ, syncarpæ.
                                  242. Commelineæ.

Nixus 4. *Alismales.* Tripetaloideæ, polycarpæ.
    Placentis diffusis . . . . . . 243. Butomeæ.
    Placentis marginibus . . . . . 244. Alismaceæ.

Nixus 5. *Juncales.* Subglumaceæ.
    Regulares . . . . 245. Junceæ.
    Irregulares, calyce diphyllo . . . 246. Philydreæ
                                            R. Br.

Cohors IV. IMPERFECTÆ.

Nixus 1. *Pandales.* Spadiceæ, drupaceæ.
    Flores spirales, spiris vicissim ♂ et ♀ . 247. Cyclantheæ.
    Achlamydeæ, apocarpæ . . . . . 248. Pandaneæ.

Nixus 2. *Arales.* Spadiceæ, baccatæ aut capsulares.
    Unisexuales, syncarpæ . . . . . 249. Aroideæ.
    Hermaphroditæ, apocarpæ . . . 250. Acoroideæ *Link.*

Nixus 3. *Typhales.* Spadiceæ, trisepalæ, antheris clavatis. . . . . 251. Typhaceæ.

Nixus 4. *Smilales*. Racemosæ, laxifloræ.

Unisexuales, ovario infero	. . .	252. Dioscoreæ.
Hermaphroditæ, ovario supero	.	253. Smilaceæ.
Dimeræ, perianthio evoluto	. .	254. Roxburghiaceæ *Wall.*

Nixus 5. *Fluviales*. Spicatæ v. unifloræ.

Fluitantes, ovulis pendulis	. . .	255. Fluviales.
Terrestres, ovulis erectis	. . .	256. Juncagineæ.
Fluitantes, axi subnullo	. . .	257. Pistiaceæ.

Cohors V. GLUMACEÆ.

Fistulosæ	258. Gramineæ.
Monocarpæ, solidæ	259. Cyperaceæ.
Polycarpæ, nudæ	260. Desvauxieæ *m*.
Calycatæ, oligospermæ	261. Restiaceæ.
	261. § Eriocauloneæ.
Corollatæ, polyspermæ	262. Xyrideæ.

Classis IV. RHIZANTHEÆ.

Polysepalæ, placentis parietalibus	263. Rafflesiaceæ.
Tetrasepalæ, placentis parietalibus	264. Cytineæ.
Asepalæ, synandræ, placenta centrali	265. Balanophoreæ.
Asepalæ, eleutherandræ, placenta centrali	266. Cynomorieæ *Endl.*

Classis V. ESEXUALES.

Nixus 1. *Filicales*. Vasculares, phyllocarpæ, fistulosæ.

Annulo verticali	267. Polypodiaceæ.
Annulo transverso	268. Gleicheneæ.
	268. § Parkeriaceæ.
Exannulatæ, thecis 1-locularibus reticulatis	269. Osmundaceæ.
Exannulatæ, thecis quasi multilocularibus	270. Danæaceæ.
Exannulatæ, thecis 1-loc. aveniis .	271. Ophiogloss eæ.

Nixus 2. *Lycopodales.* Vasculares, caulocarpæ, solidæ.

    Gymnothecæ . . . . 272. Lycopodiaceæ.
    Cryptothecæ, involucris uniformibus 273. Marsileaceæ.
    Cryptothecæ, involucris biformibus . 274. Salvinieæ.

Nixus 3. *Muscales.* Evasculares, heteronemeæ, theciferæ.

    Operculatæ, thecis evalvibus . . . 275. Musci.
    Operculatæ, thecis valvatis . . . 276. Andræaceæ *m.*
    Deoperculatæ, thecis valvatis . . . 277. Jungermanniaceæ *m.*
    Deoperculatæ, thecis evalvibus . . 278. Hepaticæ.

Nixus 4. *Charales.* Evasculares, heteronemeæ, globuliferæ. . . . . . . 279. Characeæ.

Nixus 5. *Fungales.* Evasculares, homonemeæ.

    Velatæ . . . . 280. Fungi.
    Nudæ, aëreæ . . . . 281. Lichenes.
    Nudæ, aquaticæ . . . . 282. Algæ.

INDEX ORDINUM.

Acanthaceæ, 208
Acerineæ, 69
Acoroideæ, 250
Alangieæ, 34
Algæ, 282
Alismaceæ, 244
Alsineæ, 101
Amarantaceæ, 126
Amaryllideæ, 226
§ Amygdaleæ, 104
Amyrideæ, 115
Anacardiaceæ, 116
Andræaceæ, 276
Anonaceæ, 9
Apocyneæ, 185
Apostasieæ, 235
Aquilarineæ, 121
Araliaceæ, 12
Aristolochiæ, 156
Aroideæ, 249
§ Artocarpeæ, 136
Asclepiadeæ, 186
Asphodeleæ, 240
Atherospermeæ, 152
Aurantiaceæ, 87

Balanophoreæ, 265
Balsamineæ, 29
Balsamifluæ, 150
Bauereaceæ, 109
Begoniaceæ, 49
?? Belvisieæ, 174
Berberideæ, 78
Betulineæ, 135
Bignoniaceæ, 202
Bixineæ, 63
Boragineæ, 191
Brexiaceæ, 157

Bromeliaceæ, 231
Bruniaceæ, 15
Brunoniaceæ, 214
Burmanniæ, 228
Burseraceæ, 93.
Butomeæ, 243

Cacteæ, 47
§ Cæsalpinieæ, 105
Callitrichineæ, 154
Calycantheæ, 108
Calycereæ, 208
Campanulaceæ, 173
Capparideæ, 51
Caprifoliaceæ, 181
Cassytheæ, 124
Casuarineæ, 141
Cedreleæ, 85
Celastrineæ, 97
Cephaloteæ, 5
§ Ceratophylleæ, 136
Cestrineæ, 196
Chailletiaceæ, 90
Characeæ, 279
Chenopodeæ, 127
Chlenaceæ, 75
Chlorantheæ, 145
Chrysobaleneæ, 107
Cinchonaceæ, 179
§ Circæaceæ, 32
Cistineæ, 76
Columelliaceæ, 175
Combretaceæ, 33
Commelineæ, 241
Compositæ, 211
Coniferæ, 219
Connaraceæ, 106
Convolvulaceæ, 169

Cordiaceæ, 193
Coriarieæ, 30
Corneæ, 43
Crassulaceæ, 112
Cruciferæ, 50
Cucurbitaceæ, 45
Cunoniaceæ, 110
Cupuliferæ, 134
Cuscuteæ, 168
Cycadeæ, 218
Cyclantheæ, 247
Cynomorieæ, 266
Cyperaceæ, 259
Cypripedieæ, 234
Cyrtandraceæ, 204
Cytineæ, 264

Danæaceæ, 270
Datisceæ, 143
Desvauxieæ, 260
Dilleniaceæ, 10
Dioscoreæ, 252
? Dionæa, 19
§ Diosmeæ, 22
Dipsaceæ, 212
Dipterocarpeæ, 83
Droseraceæ, 56

Ebenaceæ, 165
Ehretiaceæ, 192
Elæagneæ, 118
Elæocarpeæ, 81
Empetreæ, 138
Epacrideæ, 161
Equisetaceæ, 221
Ericeæ, 159
§ Eriocauloneæ, 261
§ Erythroxyleæ, 98
Escallonieæ, 14
Euphorbiaceæ, 94

Ficoideæ, 112
Flacourtiaceæ, 60
Fluviales, 255
Fouquieraceæ, 96
Frankeniaceæ, 57
§ Fumariaceæ, 2
Fungi, 280

Galacineæ, 114
Gentianeæ, 183
Geraniaceæ, 27
Gesnereæ, 207
Gilliesieæ, 239
Gleicheneæ, 268
Globularineæ, 216
Goodenovieæ, 177
Gramineæ, 258
Grossulaceæ, 13
Guttiferæ, 64

Hæmodoraceæ, 227
§ Haloregeæ, 32
Hamamelideæ, 42
§ Heliotropiceæ, 192
Hepaticæ, 278
Hernandieæ, 120
§ Hippocrateaceæ, 97
Hippocastaneæ, 71
Homalineæ, 48
Humiriaceæ, 86
Hydrocereæ, 25
Hydrocharideæ, 232
Hydroleaceæ, 171
§ Hydropeltideæ, 3
Hydrophylleæ, 194
Hypericineæ, 67
Hypoxideæ, 225

Ilicineæ, 166
Illecebreæ, 103
Irideæ, 230

Jasmineæ, 188
Juglandeæ, 140
Juncagineæ, 256
Junceæ, 245
Jungermanniaceæ, 277

Labiatæ, 197
Lacistemeæ, 144
Laurineæ, 126
Lecythideæ, 40
Leguminosæ, 105
Lentibulariæ, 209
Lichenes, 281
Liliaceæ, 241

Limnantheæ, 31
Lineæ, 74
Loaseæ, 46
Lobeliaceæ, 172
Loganiaceæ, 189
Lorantheæ, 44
Lycopodiaceæ, 272
Lygodysodeaceæ, 180

Magnoliaceæ, 7
Melanthaceæ, 238
Melastomaceæ, 40
Malesherbiaceæ, 61
Malpighiaceæ, 98
Malvaceæ, 80
Marantaceæ, 223
Marcgraaviaceæ, 65
Marsileaceæ, 273
Meliaceæ, 84
Memecyleæ, 37
Menispermeæ, 133
§ Mimoseæ, 105
Monimieæ, 151
Moringeæ, 55
Musaceæ, 224
Musci, 275
Myoporineæ, 199
Myriceæ, 139
Myristiceæ, 6
Myrsineæ, 163
Myrtaceæ, 38

Nelumboneæ, 4
Nepentheæ, 155
Nitrariaceæ, 92
Nolanaceæ, 167
Nyctagineæ, 132
Nymphæaceæ, 3

Ochnaceæ, 20
Olacineæ, 18
Oleaceæ, 187
Onagrariæ, 32
Ophioglosseæ, 271
Orchideæ, 233
Orobancheæ, 206
Osmundaceæ, 269
Oxalideæ, 29

Palmæ, 236

Pandaneæ, 248
Papaveraceæ, 2
Papayaceæ, 59
§ Parkeriaceæ, 263
Passifloreæ, 59
Pedalineæ, 203
Petiveraceæ, 130
Penæaceæ, 125
Philadelpheæ, 41
Philydreæ, 246
Phytolacceæ, 128
Pistiaceæ, 257
Pittosporeæ, 17
Piperaceæ, 147
Plataneæ, 149
Plantagineæ, 215
Plumbagineæ, 217
§ Podophylleæ, 3
Podostemeæ, 153
Polemoniaceæ, 3. 170
Polygaleæ, 72
Polygoneæ, 129
Polypodiaceæ, 267
§ Pomaceæ, 104
Pontedereæ, 237
Portulaceæ, 99
Potaliaceæ, 190
Primulaceæ, 162
Proteaceæ, 122
Pyrolaceæ, 158

Rafflesiaceæ, 263
Ranunculaceæ, 1
Reaumurieæ, 77
Resedaceæ, 52
Restiaceæ, 261
Rhamneæ, 89
Rhizoboleæ, 65
Rhizophoreæ, 35
Rosaceæ, 104
Roxburghiaceæ, 254
Rutaceæ, 22

Salicariæ, 36
Salicineæ, 148
Salvinieæ, 274
Samydeæ, 54
§ Sanguisorbeæ, 104
Santalaceæ, 117
Sapindaceæ, 70

Sapoteæ, 164
§ Sarracennieæ, 1
Saurureæ, 146
Saxifrageæ, 111
Scævoleæ, 178
§ Schizandreæ, 9
Scitamineæ, 222
Sclerantheæ, 131
Scrophularineæ, 205
Selagineæ, 200
Sileneæ, 100
Simarubaceæ, 21
Smilaceæ, 253
Solaneæ, 195
Spigeliaceæ, 184
Spondiaceæ, 88
Stackhouseæ, 95
§ Staphyleaceæ, 97
Stellatæ, 182
Sterculiaceæ, 79
Stilagineæ, 137
Stilbineæ, 201
Stylidieæ, 176
§ Styraceæ, 165
§ Swartzieæ, 105

Tacceæ, 229

Tamariscineæ, 102
Taxineæ, 220
Ternströmiaceæ, 68
Thymelææ, 119
Tiliaceæ, 82
Tremandreæ, 91
Tropæoleæ, 26
Turneraceæ, 62
Typhaceæ, 251

Ulmaceæ, 142
Umbelliferæ, 11
Urticeæ, 136

Vaccinieæ, 160
Valerianeæ, 213
Verbenaceæ, 198
Violaceæ, 53
Vites, 16
Vochyaceæ, 73

Wintereæ, 9

Xanthoxyleæ, 24
Xyrideæ, 262

Zygophylleæ, 23.

FINIS.

Typis J. Moyes, 28, Castle Street, Leicester Square.

Printed by Libri Plureos GmbH in Hamburg, Germany